Crème Brûlée

Camille Murano

Crème Brûlée

Knusprig-zarte Verführung

Fotos: Jean Bono
Foodstyling: Géraldine Sauvage

Bassermann
Inspiration

ISBN: 978-3-572-08006-9

Originaltitel "Nouvelles Variations Gourmandes – Crèmes brûlées"
© 2008 by Editions Solar, Paris
Deutsche Ausgabe: © 2011 by Bassermann Verlag, einem Unternehmen der Verlagsgruppe
Random House GmbH, 81673 München

Rezepte: Camille Murano
Fotos: Jean Bono
Foodstyling: Géraldine Sauvage
Layout: Chantal Guézet, Encre Blanche

Umschlag- und Boxgestaltung: schwecke.mueller Werbeagentur GmbH
Realisation der deutschen Ausgabe: trans texas publishing, Köln
Übersetzung: Lisa Heilig, Köln
Herstellung: Elke Cramer
Projektleitung: Anja Halveland

Satz: trans texas publishing, Köln
Druck: Anpak Printing Ltd., Hongkong

Printed in China

Verlagsgruppe Random House FSC-DEU- 0100
Das für diesen Titel verwendete Papier ist FSC©-zertifiziert.

817 2635 4453 6271

Inhalt

Einleitung

Das beliebte Dessert Crème Brûlée, zu Deutsch »gebrannte Creme«, hat inzwischen auch unsere Küchen erobert. Aus Katalonien kommt diese herrliche Eier-Vanille-Creme, wo sie traditionell in flachen Tonschalen serviert wird. Wir möchten Ihnen auf den folgenden Seiten süße wie salzige Variationen dieses Klassikers vorstellen, die man zu zweit, mit Freunden oder der ganzen Familie genießen und mit denen man seine Gäste überraschen kann.

Einfach

Oberstes Prinzip für eine gelungene Crème Brûlée sind einfache, aber frische Zutaten: Vollmilch, Eier und Sahne. Fettreduzierte Produkte eignen sich nicht für eine längere Garzeit im Ofen. Lassen Sie die Finger ebenfalls von Crème fraîche, die beim Garen eher flüssig als fest wird. Auch für Menschen mit Milchallergie haben wir eine Variante in diesem Buch.

In manchen Rezepten wird bunter Kristallzucker verwendet. Man findet ihn bei den Zucker- und Backwaren in großen Supermärkten, in manchen Feinkostläden und Teegeschäften oder im Internet. Natürlich können Sie stattdessen auch ungefärbten Zucker verwenden.

Tipps

– Achten Sie darauf, feuerfeste Schälchen und Gläser zu nehmen.

– Eine glatte Creme erhalten Sie, wenn Sie die Masse vor dem Einfüllen in die Förmchen durch ein feines Haarsieb passieren.

– Bei Förmchen mit 10 cm Durchmesser wird die Creme etwa 2 cm hoch eingefüllt. Wenn Sie Früchte oder Gemüsestücke zugeben, sollte die Creme diese bedecken.

– Die Cremes sollten bei kleiner Hitze garen, damit sie schön samtig bleiben. Ein Umluftherd sollte auf 90 °C vorgeheizt werden. In einem traditionellen Ofen mit Ober- und Unterhitze sollten die Cremes im Wasserbad (das nicht kochen darf) garen.

– Nach dem Garen sollten die Cremes gestockt sein, dürfen aber noch wackeln. Lassen Sie die Cremes bei Zimmertemperatur abkühlen und stellen Sie sie dann mindestens 2 Stunden in den Kühlschrank. Die Cremes können auch schon am Vortag zubereitet werden. Vor dem Servieren geht es dann ans Brennen der Creme-Oberfläche. Dafür eignet sich am besten ein handlicher Küchen-Gasbrenner, wie er diesem Buch beigefügt ist.

Nicht zu empfehlen ist hingegen der Backofengrill. Hier besteht die Gefahr, dass die Creme zu warm wird und sich verflüssigt, bevor der Zucker karamellisiert ist.

Servieren

Füllen Sie die Creme in möglichst flache Portionsförmchen unterschiedlicher Größe, Form, Materialien und/oder Farben, um die Präsentation genauso abwechslungsreich zu gestalten, wie es die Rezepte sind. Cremes, die nicht im Ofen gegart werden, können auch in hübschen kleinen Trink- oder Teegläsern serviert werden. Erlaubt ist, was den Appetit und die Vorfreude bei Ihren Lieben steigert.

Für zwei

Für 2 flache Förmchen

100 ml Ziegenmilch

500 g Sahne

2 Zweige frischer Rosmarin

3 Eigelbe

Salz, frisch gemahlener Pfeffer

2 TL Zucker

2 EL Ziegenhartkäse, gehobelt

Crème Brûlée mit Ziegenkäse und Rosmarin

Diese elegante Creme schmeckt zum Aperitif, als Vorspeise oder auch als Dessertersatz.

1 Milch und Sahne in einem Topf kurz aufkochen. Den Topf vom Herd nehmen, die Rosmarinzweige zugeben und 15 Minuten ziehen lassen.

2 Den Backofen auf 90 °C vorheizen.

3 Die Eigelbe mit einer Prise Salz und etwas Pfeffer verquirlen.

4 Den Rosmarin aus der Sahnemilch nehmen und die Milch unter Rühren in die Eiermasse gießen.

5 Die Mischung durch ein feines Haarsieb passieren und in 2 flache Förmchen füllen. Die Förmchen auf den Backofenrost setzen und im vorgeheizten Ofen 25 Minuten garen.

6 Die Cremes mindestens 2 Stunden kalt stellen.

7 Mit Zucker bestreuen und kurz mit dem Gasbrenner karamellisieren. Mit fein gehobeltem Ziegenkäse garnieren. Bis zum Servieren kalt stellen.

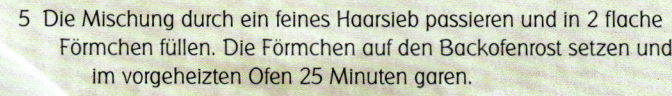

Crème Brûlée mit Safran und Jakobsmuscheln

Für 2 Gläser

4 Jakobsmuscheln

1 EL Olivenöl

$1/2$ TL gehackter Knoblauch

Salz, frisch gemahlener weißer Pfeffer

3 Eigelbe

1 Prise gemahlener Safran

100 ml Vollmilch

$1/2$ TL Speisestärke

100 g Sahne

2 TL Zucker

4 Stängel frischer Koriander oder frische Petersilie

Diese Creme schmeckt warm wie kalt, als Vorspeise oder mit Kräuterreis als leichte Mahlzeit. Die Jakobsmuscheln können durch gegarte Garnelen und der Safran kann durch Currypulver ersetzt werden.

1 Die Jakobsmuscheln abspülen, trocken tupfen und in kleine Würfel schneiden.

2 Das Olivenöl in einer Pfanne erhitzen. Jakobsmuscheln und Knoblauch darin bei kleiner Hitze kurz anbraten. Salzen und pfeffern.

3 Eigelbe und Safran mit einer Prise Salz und 1 Umdrehung weißem Pfeffer aus der Mühle verrühren. Die Milch unterrühren. Die Speisestärke in der Sahne auflösen und ebenfalls unterrühren.

4 Die Mischung in einen Topf füllen und bei kleiner Hitze unter ständigem Rühren 10 Minuten andicken lassen. Den Topf vom Herd nehmen. Die Jakobsmuscheln unterheben.

5 Die Mischung in 2 Gläser füllen. Mit Zucker bestreuen und kurz mit dem Gasbrenner karamellisieren. Mit Koriander oder Petersilie garnieren und warm servieren.

Crème Brûlée mit Entenleber und grünem Pfeffer

Eine erstaunliche Verbindung – ideal als raffiniertes Menü für Verliebte.

Für 2 flache Förmchen

2 EL brauner Zucker

Fleur de Sel, frisch gemahlener grüner Pfeffer

100 g gegarte Entenleber

200 g Sahne

2 Eigelbe

1 Den Backofen auf 90 °C vorheizen.

2 Für die Garnierung den Zucker mit 2 Prisen Fleur de Sel und 2 Umdrehungen grünem Pfeffer aus der Mühle vermischen. Beiseitestellen.

3 Die Leber in Stücke schneiden und mit der Sahne mischen.

4 Die Eigelbe verquirlen.

5 Die Eigelbe in die Lebersahne geben. Eine Prise Fleur de Sel und einige Umdrehungen grünen Pfeffer aus der Mühle zufügen. Die Zutaten glatt mixen.

6 Die Mischung durch ein feines Haarsieb passieren und 2 cm hoch in 2 flache Förmchen (10 cm Durchmesser) füllen. Die Förmchen auf den Backofenrost setzen und 30 Minuten im vorgeheizten Ofen garen.

7 Die Cremes abkühlen lassen, dann mindestens 2 Stunden kalt stellen.

8 Vor dem Servieren mit der Zuckermischung bestreuen und kurz mit dem Gasbrenner karamellisieren.

Crème Brûlée mit Chicorée und Parmesan

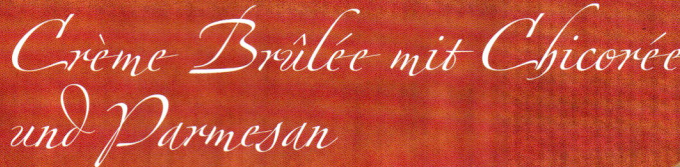

Eine echte Köstlichkeit, die Sie unbedingt zu gebratenen Kalbsschnitzeln probieren müssen!

Für 2 hohe Förmchen

2 Chicorées

400 ml Vollmilch

30 g frisch geriebener Parmesan

Salz, frisch gemahlener Pfeffer

2 Eier

2 Eigelbe

4 TL Zucker

1 Die Chicorées waschen und in Stücke schneiden.

2 Die Chicoréestücke in der Milch bei kleiner Hitze 20 Minuten garen. Parmesan und eine Umdrehung Pfeffer aus der Mühle zufügen. Die Zutaten fein mixen.

3 Den Backofen auf 90 °C vorheizen.

4 Die ganzen Eier mit den Eigelben und einer Prise Salz verquirlen.

5 Die Chicoréemischung in die Eiermasse rühren.

6 Die Mischung durch ein feines Haarsieb passieren und 4 cm hoch in 2 hohe Ramequinförmchen (10 cm Durchmesser) füllen. Die Förmchen auf den Backofenrost setzen und 40 Minuten im vorgeheizten Ofen garen. Lauwarm abkühlen lassen.

7 Die Cremes mit Zucker bestreuen und kurz mit dem Gasbrenner karamellisieren. Warm servieren.

Crème Brûlée mit Süßwein

Servieren Sie dieses raffinierte Dessert mit einer Kugel Vanilleeis und frischen roten Beeren.

Für 2 flache Förmchen

3 Eigelbe

200 ml Süßwein, z. B. Eiswein oder Monbazillac

2 TL Rohrohrzucker

1 Den Backofen auf 90 °C vorheizen.

2 Die Eigelbe mit dem Süßwein verquirlen.

3 Die Mischung 2 cm hoch in 2 flache Förmchen (12 cm Durchmesser) füllen, auf den Backofenrost setzen und 20 Minuten im vorgeheizten Ofen garen.

4 Die Cremes abkühlen lassen. Dann mindestens 2 Stunden kalt stellen.

5 Die Cremes mit dem Rohrohrzucker bestreuen und kurz mit dem Gasbrenner karamellisieren. Bis zum Servieren kalt stellen.

Kokos-Crème-Brûlée mit Granatapfel

Für 2 flache Förmchen

1 Granatapfel

100 ml gesüßte Kokosmilch

500 g Sahne

1 Prise gemahlener Ingwer

3 Eier

3 Eigelbe

20 g Kokosraspel

2 TL feiner Zucker

Der perfekte süße Abschluss eines exotischen Menüs. Große Kokosfans können die Creme zusätzlich mit zerbröselten Kokosmakronen garnieren.

1 Den Granatapfel halbieren, die Kerne herauslösen und auf 2 flache Förmchen mit 10 cm Durchmesser verteilen.

2 Kokosmilch und Sahne in einen Topf gießen und zum Kochen bringen. Den Ingwer unterrühren. Den Topf vom Herd nehmen und die Sahnemischung abkühlen lassen.

3 Den Backofen auf 90 °C vorheizen.

4 Eier und Eigelbe verquirlen.

5 Die Kokossahne in die Eiermasse rühren.

6 Die Mischung durch ein feines Haarsieb passieren, über die Granatapfelkerne in die Förmchen füllen und mit Kokosraspeln bestreuen. Die Förmchen auf den Backofenrost setzen und 25 Minuten im vorgeheizten Backofen garen.

7 Die Cremes abkühlen lassen. Dann mindestens 2 Stunden kalt stellen.

8 Vor dem Servieren mit dem Zucker bestreuen und kurz mit dem Gasbrenner karamellisieren.

Schokoladen-Crème-Brûlée mit Chili

Für 2 hohe Förmchen

1 TL Kakao

1 Prise Chilipulver

8 TL Zucker

70 g Zartbitterschokolade (mind. 70 % Kakaoanteil)

3 Eigelbe

200 g Sahne

Soooo lecker, dass die Förmchen hier etwas höher sein müssen als normalerweise.

1   Den Backofen auf 90 °C vorheizen.

2   Für die Garnierung Kakao, Chilipulver und 2 Teelöffel Zucker mischen und beiseitestellen.

3   Die Sahne in einen Topf gießen und zum Kochen bringen. Die in Stücke gebrochene Schokolade zugeben und unter Rühren schmelzen lassen, bis eine glatte Masse entstanden ist.

4   Die Eigelbe mit dem restlichen Zucker verquirlen.

5   Die Schokoladensahne unter Rühren in die Eiermasse gießen.

6   Die Mischung 3 cm hoch in 2 Ramequinförmchen (12 cm Durchmesser) füllen. Die Förmchen auf den Backofenrost setzen und im vorgeheizten Ofen 30 Minuten garen.

7   Die Cremes abkühlen lassen. Dann mindestens 2 Stunden kalt stellen.

8   Vor dem Servieren mit der Zuckermischung bestreuen und kurz mit dem Gasbrenner karamellisieren.

Crème Brûlée mit Matcha-Tee

Für 2 flache Förmchen

3 TL Matcha-Tee
4 TL Zucker
100 ml Vollmilch
150 g Sahne
3 Eigelbe

Zusammen mit Teegebäck oder garniert mit roten Beeren eine originelle Alternative zum Nachmittagstee. Sie können den Matcha-Tee durch einen anderen Pulvertee Ihrer Wahl ersetzen.

1 Den Backofen auf 90 °C vorheizen.

2 Für die Garnierung 1 Teelöffel Teepulver mit 2 Teelöffeln Zucker mischen und beseitestellen.

3 Milch und Sahne in einen Topf gießen und zum Kochen bringen. Den Topf vom Herd nehmen und unter Rühren das restliche Teepulver darin auflösen. Die Mischung lauwarm abkühlen lassen.

4 Die Eigelbe mit dem restlichen Zucker verquirlen.

5 Die Matcha-Sahne durch ein feines Haarsieb passieren und 2 cm hoch in 2 flache Förmchen (12 cm Durchmesser) füllen. Die Förmchen auf den Backofenrost setzen und im vorgeheizten Ofen 25 Minuten garen.

6 Die Cremes lauwarm abkühlen lassen. Dann mindestens 2 Stunden kalt stellen.

7 Die Cremes mit der Zuckermischung bestreuen und kurz mit dem Gasbrenner karamellisieren. Bis zum Servieren kalt stellen.

Ricotta-Crème-Brûlée mit Mandarinen

Für 2 Gläser

2 Mandarinen

1 EL Zucker

100 g Ricotta

1 EL Mandarinenlikör

1 EL Puderzucker

1 Eiweiß

2 TL brauner Zucker

Ein besonderes Vergnügen für ein gemütliches Sonntagsfrühstück im Winter. Die Mandarinen lassen sich prima durch Blutorangen ersetzen.

1 Die Mandarinen schälen und in Stücke teilen.

2 Den Zucker in einer beschichteten Pfanne schmelzen und die Mandarinenstücke darin einige Sekunden wenden, bis sie glänzend sind.

3 Ricotta, Likör und Puderzucker glatt rühren.

4 Das Eiweiß steif schlagen und vorsichtig unter die Ricottamischung heben.

5 Die Mischung abwechselnd mit den Mandarinen in 2 Gläser schichten.

6 Mindestens 3 Stunden im Kühlschrank ziehen lassen.

7 Die Cremes vor dem Servieren mit dem braunen Zucker bestreuen und kurz mit dem Gasbrenner karamellisieren.

Crème Brûlée mit Zitrone, Honig und Pinienkernen

Für 2 hohe Förmchen

20 g Pinienkerne

abgeriebene Schale und Saft von 1 unbehandelten Zitrone

200 ml Vollmilch

1 EL Honig

1 Ei

2 Eigelbe

2 TL brauner Zucker

Damit der Karamell richtig kracht, sollten Sie diese Creme gut gekühlt servieren. Mit ein paar fruchtig roten Beeren ein absoluter Hochgenuss!

1 Den Backofen auf 90 °C vorheizen.

2 Die Pinienkerne in einer beschichteten Pfanne ohne Fett rösten und auf 2 hohe Förmchen (9 cm Durchmesser) verteilen.

3 1 Teelöffel Zitronenschale, die Milch und den Honig in einen Topf geben und kurz aufkochen lassen. Lauwarm abkühlen lassen.

4 Ei und Eigelbe mit 1 Esslöffel Zitronensaft verquirlen. Die Honigmilch unter Rühren in die Eiermasse gießen.

5 Die Mischung durch ein feines Haarsieb passieren und 4 cm hoch in die Förmchen füllen. Die Förmchen auf den Backofenrost setzen und 35 Minuten im vorgeheizten Ofen garen.

6 Die Cremes abkühlen lassen. Dann mindestens 2 Stunden kalt stellen.

7 Die Cremes mit dem braunen Zucker bestreuen und kurz mit dem Gasbrenner karamellisieren. Bis zum Servieren kalt stellen.

Mit Freunden

Kürbis-Crème-Brûlée mit Haselnüssen

Für 4 flache Förmchen

30 g Haselnusskerne

300 g Kürbis

300 ml Vollmilch

$\frac{1}{2}$ TL frisch geriebene Muskatnuss

Salz, frisch gemahlener Pfeffer

2 Eier

2 Eigelbe

4 TL brauner Zucker

Fast wie im Restaurant: Richten Sie auf schönen großen Tellern ein Stück gebratenes Geflügel mit etwas gemischtem Salat und einem Förmchen dieser köstlichen Crème an.

1 Die Haselnüsse grob hacken und in einer beschichteten Pfanne ohne Fett rösten. Auf 4 Förmchen (12 cm Durchmesser) verteilen.

2 Den Kürbis schälen, entkernen und das Fleisch in Stücke schneiden.

3 Den Kürbis 15 Minuten in der Milch garen. Mit Muskatnuss, 1 Prise Salz und 1 Umdrehung Pfeffer aus der Mühle würzen.

4 Den Backofen auf 90 °C vorheizen.

5 Kürbis und Milch glatt pürieren und anschließend durch ein Haarsieb streichen.

6 Eier und Eigelbe verquirlen und sorgfältig unter das Kürbispüree ziehen.

7 Die Mischung über die Nüsse 4 cm hoch in die Förmchen füllen. Die Förmchen auf den Backofenrost setzen und 45 Minuten im vorgeheizten Ofen garen.

8 Die Cremes sofort mit dem braunen Zucker bestreuen und kurz mit dem Gasbrenner karamellisieren. Warm servieren.

Crème Brûlée mit Lachs und Mohn

Für 4 flache Förmchen

100 g Räucherlachs

150 g Sahne

100 ml Vollmilch

4 Eigelbe

Salz, frisch gemahlener Pfeffer

1 TL Mohnsaat

4 TL feiner Zucker

Diese Creme lässt sich bei einem gemütlichen sonntäglichen Brunch als Vor- oder Nachspeise genießen.

1 Den Backofen auf 90 °C vorheizen.

2 Den Lachs mit der Sahne glatt pürieren. Die Milch zufügen und einarbeiten.

3 Die Eigelbe mit 1 Prise Salz und 2 Umdrehungen Pfeffer aus der Mühle verquirlen und in die Lachsmasse rühren. Den Mohn unterziehen.

4 Die Mischung 2 cm hoch in 4 flache Förmchen (10 cm Durchmesser) füllen. Die Förmchen auf den Backofenrost setzen und im vorgeheizten Ofen 30 Minuten garen.

5 Die Cremes abkühlen lassen. Dann mindestens 2 Stunden kalt stellen.

6 Vor dem Servieren mit dem Zucker bestreuen und kurz mit dem Gasbrenner karamellisieren.

Crème Brûlée mit Erbsen und Curry

Für 4 flache Förmchen

200 g TK-Erbsen

100 ml Vollmilch

150 g Sahne

½ TL Currypulver

Salz, frisch gemahlener Pfeffer

4 Eigelbe

4 TL brauner Zucker

Diese salzig-süße Creme vereint auf perfekte Weise indische Aromen und ist die ideale Begleitung zu einem Curry.

1 Den Backofen auf 90 °C vorheizen.

2 Die gefrorenen Erbsen einige Minuten in einem Topf mit kochendem Wasser garen. Gut abtropfen lassen. Mit Milch, Sahne, Currypulver, 1 Prise Salz und 1 Umdrehung Pfeffer aus der Mühle glatt pürieren und anschließend durch ein Haarsieb streichen.

3 Die Eigelbe verquirlen.

4 Das Erbspüree in die Eiermasse rühren.

5 Die Mischung 2 cm hoch in 4 Förmchen (12 cm Durchmesser) füllen. Die Förmchen auf den Backofenrost setzen und 35 Minuten im vorgeheizten Ofen garen.

6 Die Cremes abkühlen lassen. Dann mindestens 2 Stunden kalt stellen.

7 Vor dem Servieren mit dem braunen Zucker bestreuen und kurz mit dem Gasbrenner karamellisieren.

Crème Brûlée mit Blutwurst und Nüssen

Die etwas andere Art, Blutwurst zu genießen. Servieren Sie diese Creme mit geröstetem Brot und einem grünen Salat mit Walnussöldressing.

Für 4 hohe Förmchen

40 g brauner Zucker

30 g Walnusskerne, grob gehackt

300 g Blutwurst ohne Speck

250 g Sahne

2 Eigelbe

Salz, frisch gemahlener Pfeffer

1 Eine große flache Form zu einem Drittel mit Wasser füllen, in den Backofen stellen und diesen auf 90 °C vorheizen.

2 Für die Garnierung die Hälfte des Zuckers in einer beschichteten Pfanne schmelzen. Die Walnusskerne darin wenden, bis sie leicht karamellisiert sind. Beiseitestellen.

3 Die Blutwurst häuten und mit der Sahne glatt pürieren. Die Eigelbe mit Salz und Pfeffer verquirlen.

4 Die Eiermasse sorgfältig unter die pürierte Blutwurst ziehen.

5 Die Mischung 4 cm hoch in 4 hohe Förmchen (9 cm Durchmesser) füllen. Die Förmchen ins Wasserbad stellen und 40 Minuten im vorgeheizten Ofen garen.

6 Die Cremes abkühlen lassen. Dann mindestens 2 Stunden kalt stellen.

7 Vor dem Servieren mit den Walnüssen und dem restlichen braunen Zucker bestreuen. Kurz mit dem Gasbrenner karamellisieren.

Crème Brûlée mit eingelegten Tomaten

Für 4 Förmchen

100 g eingelegte Tomaten

3 Eier

2 Eigelbe

Salz, frisch gemahlener weißer Pfeffer

50 ml Anisschnaps

200 ml kaltes Wasser

4 TL Zucker

Diese Variation ist ideal für ein sommerliches Essen und kann, gut gekühlt, als Vor- oder Nachspeise serviert werden.

1 Den Backofen auf 90 °C vorheizen.

2 Die Tomaten klein würfeln und auf 4 Förmchen verteilen.

3 Eier und Eigelbe mit 1 Prise Salz und etwas Pfeffer aus der Mühle verquirlen.

4 Den Schnaps mit dem Wasser verdünnen und mit der Eiermasse verrühren.

5 Die Mischung durch ein Haarsieb passieren und 2 cm hoch in die Förmchen füllen. Auf dem Backofenrost im vorgeheizten Ofen 30 Minuten garen.

6 Auskühlen lassen.

7 Die Cremes mit dem Zucker bestreuen und kurz mit einem Gasbrenner karamellisieren. Bis zum Servieren kalt stellen.

Crème Brûlée mit Baiser

Für 4 Gläser

500 ml
Vanillesauce
(Fertigprodukt)

1 EL Speisestärke

8 kleine Baisers

4 TL roter
Kristallzucker

Diese köstliche Crème Brûlée geht ganz fix und kann auch mit Karamell- oder Kaffeegeschmack zubereitet werden.

1 Vanillesauce und Speisestärke in einem Topf glatt rühren, zum Kochen bringen und unter ständigem Rühren 5 Minuten leicht köcheln lassen. Die Sauce sollte deutlich eindicken. Lauwarm abkühlen lassen.

2 Die Baisers halbieren.

3 Baiserstückchen und Creme abwechselnd in 4 Gläser schichten.

4 Die Cremes mindestens 2 Stunden kalt stellen.

5 Vor dem Servieren mit dem roten Zucker bestreuen und kurz mit dem Gasbrenner karamellisieren.

Crème Brûlée mit Trüffeln

Ein stilvoller Appetizer, der am besten zu einem Glas Champagner schmeckt. Wenn schon, denn schon!

Für 8 flache Mini-Förmchen

200 g Sahne

25 g Trüffelschalen (Glas oder Dose)

4 Eigelbe

Salz, frisch gemahlener Pfeffer

4 TL Zucker

1 Den Backofen auf 90 °C vorheizen.

2 Die Sahne in einen Topf gießen und kurz aufkochen. Den Topf vom Herd nehmen und die Trüffelschalen samt Saft zufügen. Lauwarm abkühlen lassen.

3 Die Eigelbe mit 1 Prise Salz und 2 Umdrehungen Pfeffer aus der Mühle verquirlen. Die Trüffelsahne unter Rühren in die Eiermasse gießen.

4 Die Mischung 2 cm hoch in 8 flache Mini-Förmchen (6 cm Durchmesser) füllen. Die Förmchen auf den Backofenrost setzen und 30 Minuten im vorgeheizten Ofen garen.

5 Die Cremes abkühlen lassen. Dann mindestens 2 Stunden kalt stellen.

6 Die Cremes mit dem Zucker bestreuen und kurz mit dem Gasbrenner karamellisieren. Bis zum Servieren kalt stellen.

Crème Brûlée mit Rumrosinen

Für 4 Förmchen

50 ml brauner Rum

50 g Sultaninen

6 Eigelbe

100 g Zucker

150 ml kaltes Wasser

150 g Sahne

4 TL brauner Zucker

Diese Creme hebt die Laune an einem tristen Nachmittag und lässt von karibischen Inseln und Sonne träumen.

1 Den Rum leicht erwärmen und die Sultaninen darin 30 Minuten quellen lassen.

2 Eigelbe und Zucker blassgelb cremig rühren. Die Rosinen abtropfen lassen. Erst den aufgefangenen Rum, dann das kalte Wasser in die Eiermasse rühren. Die Mischung in einen schweren Topf umfüllen.

3 Bei kleiner Hitze 5 Minuten unter Rühren erhitzen, bis die Masse schaumig ist. Den Topf vom Herd nehmen. Die Rosinen unterziehen und die Creme auskühlen lassen.

4 Die Sahne steif schlagen und vorsichtig unter die Creme heben.

5 Die Creme in 4 Förmchen füllen. Mindestens 2 Stunden kalt stellen.

6 Vor dem Servieren mit dem braunen Zucker bestreuen und kurz mit dem Gasbrenner karamellisieren.

Crème Brûlée aus Sojamilch

Für 4 flache Förmchen

30 g Mandelstifte
2 Eier
2 Eigelbe
120 g Zucker
200 ml Sojamilch

Hier ist das ideale Dessert für alle Naschkatzen, die unter einer Milchallergie leiden.

1 Den Backofen auf 90 °C vorheizen.

2 Die Mandelstifte in einer beschichteten Pfanne ohne Fett rösten. Grob hacken und auf 4 flache Förmchen (12 cm Durchmesser) verteilen.

3 Eier und Eigelbe mit 100 g Zucker verquirlen. Die Sojamilch einrühren.

4 Die Mischung über die Mandeln 2 cm hoch in die Förmchen füllen. Die Förmchen auf den Backofenrost setzen und im vorgeheizten Ofen 35 Minuten garen.

5 Die Cremes abkühlen lassen. Dann mindestens 2 Stunden kalt stellen.

6 Vor dem Servieren mit dem restlichen Zucker bestreuen und kurz mit dem Gasbrenner karamellisieren.

Crème Brûlée mit Roquefort und Aprikosen

Für 4 hohe Förmchen

4 getrocknete Soft-Aprikosen

100 g Roquefort

200 g Sahne

150 ml Vollmilch

Salz, frisch gemahlener Pfeffer

4 Eigelbe

4 TL Zucker

Zusammen mit einem feinen Feldsalat bildet diese Variante eine leichte, aber komplette Mahlzeit.

1 Eine große flache Form zu einem Drittel mit Wasser füllen, in den Backofen schieben und diesen auf 90 °C vorheizen.

2 Die Aprikosen klein würfeln und auf 4 hohe Förmchen (6 cm Durchmesser) verteilen.

3 Den Roquefort mit der Sahne glatt mixen. Milch und eine Umdrehung Pfeffer aus der Mühle untermischen.

4 Die Eigelbe mit 1 Prise Salz verquirlen.

5 Die Roquefortcreme in die Eiermasse rühren.

6 Die Mischung 4 cm hoch in die Förmchen füllen. Die Förmchen in das Wasserbad stellen und im vorgeheizten Ofen 40 Minuten garen.

7 Die Cremes abkühlen lassen. Dann mindestens 2 Stunden kalt stellen.

8 Vor dem Servieren mit dem Zucker bestreuen und kurz mit dem Gasbrenner karamellisieren.

Für die ganze Familie

Crème Brûlée mit Brathähnchenjus

Für 8 flache Mini-Förmchen

4 Eigelbe

200 ml Brathähnchenjus

100 g Sahne

4 TL Zucker

Gießen Sie Geflügel-Bratensaft nicht weg! Stellen Sie ihn in den Kühlschrank, damit das Fett an der Oberfläche erstarrt und leicht entfernt werden kann.

1 Den Backofen auf 90 °C vorheizen.

2 Die Eigelbe verquirlen. Brathähnchenjus und Sahne unterrühren.

3 Die Mischung durch ein feines Haarsieb passieren und 2 cm hoch in 8 rechteckige oder runde Mini-Förmchen (6 cm Durchmesser) füllen. Die Förmchen auf den Backofenrost setzen und im vorgeheizten Ofen 25 Minuten garen.

4 Die Cremes abkühlen lassen. Dann mindestens 2 Stunden kalt stellen.

5 Vor dem Servieren mit dem Zucker bestreuen und kurz mit dem Gasbrenner karamellisieren.

Crème Brûlée mit Spargel und Käse

Für 4 Gläser

30 g mittelalter Gouda

100 g Spargelspitzen (aus dem Glas)

5 Eigelbe

Salz, frisch gemahlener Pfeffer

300 g Sahne

1 EL Speisestärke

200 ml Vollmilch

4 TL Zucker

Mit ein paar Cocktailtomaten wird aus dieser Creme ein perfekter Snack für den Fernsehabend. Der Spargel kann durch Brokkoli ersetzt werden.

1 Den Käse reiben. Den Spargel pürieren.

2 Die Eigelbe verquirlen. Käse, Spargel, 1 Prise Salz und 2 Umdrehungen Pfeffer aus der Mühle unterziehen.

3 Die Sahne in einen Topf füllen und die Speisestärke darin auflösen. Die Milch unterrühren und zum Kochen bringen. Die Eiermasse unter ständigem Rühren zugießen und bei kleiner Hitze weiterrühren, bis die Masse eindickt.

4 Die Creme in 4 Gläser füllen. Mit dem Zucker bestreuen und kurz mit dem Gasbrenner karamellisieren. Warm servieren.

Crème Brûlée mit Karotten und Kardamom

Für 4 hohe Förmchen

200 g Karottenpüree

1 TL gemahlener Kardamom

250 g Vollmilch

Salz, frisch gemahlener Pfeffer

250 g Sahne

2 Eier

2 Eigelbe

4 TL brauner Zucker

Eine originelle Begleitung für einen Kalbsschmorbraten. Die Creme eignet sich auch prima zum Mitnehmen für ein Picknick.

1 Den Backofen auf 90 °C vorheizen.

2 Karottenpüree und Kardamom mischen. Milch, Sahne, 1 Prise Salz und 2 Umdrehungen Pfeffer aus der Mühle unterrühren.

3 Eier und Eigelbe mit 1 Prise Salz verquirlen.

4 Die Eiermasse in die Karottenmasse rühren.

5 Die Mischung 4 cm hoch in hohe Förmchen (9 cm Durchmesser) füllen. Die Förmchen auf den Backofenrost setzen und im vorgeheizten Ofen 40 Minuten garen.

6 Die Cremes abkühlen lassen. Dann mindestens 2 Stunden kalt stellen.

7 Vor dem Servieren mit dem braunen Zucker bestreuen und kurz mit dem Gasbrenner karamellisieren.

Crème Brûlée mit Basilikum und Parmesan

Dazu passt als Garnierung ein Löffel Tapenade und eine halbe Olive.

Für 8 flache Mini-Förmchen

100 ml Vollmilch

150 g Sahne

100 g frisch geriebener Parmesan

4 Eigelbe

2 EL Basilikum

Salz, frisch gemahlener Pfeffer

4 TL Zucker

1 Eine große flache Form zu einem Drittel mit Wasser füllen, in den Backofen stellen und diesen auf 90 °C vorheizen.

2 Milch und Sahne in einen Topf gießen und kurz aufkochen. Den Topf vom Herd nehmen und den Parmesan unterziehen. Lauwarm abkühlen lassen.

3 Die Eigelbe mit Basilikum, 1 Prise Salz und 2 Umdrehungen Pfeffer aus der Mühle verquirlen.

4 Die Parmesanmilch unter ständigem Rühren in die Eiermasse gießen.

5 Die Mischung 4 cm hoch in 8 flache Mini-Förmchen (6 cm Durchmesser) füllen. Die Förmchen ins Wasserbad stellen und im Ofen 20 Minuten garen.

6 Die Cremes abkühlen lassen. Dann mindestens 2 Stunden kalt stellen.

7 Vor dem Servieren mit dem Zucker bestreuen und kurz mit dem Gasbrenner karamellisieren.

Crème Brûlée mit Schmelzkäse

Diese Variation werden vor allem die Kleinen lieben. Aber natürlich dürfen sich auch die Großen daran erfreuen.

Für 4 hohe Förmchen

3 Ecken Schmelzkäse

400 ml Vollmilch

2 Eigelbe

4 EL Zucker

1 Den Backofen auf 90 °C vorheizen.

2 Den Schmelzkäse mit der Milch in einem Topf bei kleiner Hitze unter ständigem Rühren schmelzen. Die Mischung glatt mixen.

3 Die Eigelbe verquirlen.

4 Die Eiermasse unter Rühren in die Käsemilch gießen.

5 Die Mischung 5 cm hoch in 4 hohe Förmchen (10 cm Durchmesser) füllen. Die Förmchen auf den Backofenrost setzen und im vorgeheizten Ofen 40 Minuten garen.

6 Die Cremes abkühlen lassen. Dann mindestens 2 Stunden kalt stellen.

7 Vor dem Servieren mit dem Zucker bestreuen und kurz mit dem Gasbrenner karamellisieren.

Mokka-Crème-Brûlée

Schmeckt fantastisch! Diese Variante sollten Sie unbedingt probieren!

Für 4 flache Förmchen

1 EL Kaffeebohnen

4 TL Zucker

1 EL Instant-Kaffeepulver

200 ml heißes Wasser

250 ml gezuckerte Kondensmilch

4 Eigelbe

1 Eine große flache Form zu einem Drittel mit Wasser füllen, in den Backofen stellen und diesen auf 90 °C vorheizen.

2 Für die Garnierung die Kaffeebohnen grob hacken und mit dem Zucker mischen. Beiseitestellen.

3 Das Kaffeepulver im heißen Wasser auflösen. Dann die Kondensmilch einrühren.

4 Die Eigelbe verquirlen und unter Rühren in die Kaffeemilch gießen.

5 Die Mischung 2 cm hoch in 4 flache Ramequinförmchen (12 cm Durchmesser) füllen. Die Förmchen ins Wasserbad stellen und im vorgeheizten Ofen 30 Minuten garen.

6 Die Cremes abkühlen lassen. Dann mindestens 2 Stunden kalt stellen.

7 Vor dem Servieren mit der Zucker-Kaffeebohnen-Mischung bestreuen und kurz mit dem Gasbrenner karamellisieren.

Crème Brûlée aus Mascarpone mit Himbeeren

Für 4 Gläser

250 g Mascarpone

50 ml Rosenwasser

50 g Puderzucker

2 Eiweiße

150 g Himbeeren

4 EL rosa Kristallzucker

Eine zauberhafte Creme, mit der die Mama nicht nur am Muttertag eine süße Überraschung erlebt.

1 Den Mascarpone mit Rosenwasser und Puderzucker glatt rühren.

2 Die Eiweiße steif schlagen und unter den Mascarpone heben. Die Mischung in 4 Gläser füllen und die Himbeeren leicht hineindrücken.

3 Die Cremes mindestens 2 Stunden kalt stellen.

4 Vor dem Servieren mit dem rosa Zucker bestreuen und kurz mit dem Gasbrenner karamellisieren.

Crème Brûlée mit Banane und Limette

Macht gute Laune und schmeckt sogar schon zum Frühstück!

Für 4 hohe Förmchen

Schale und Saft von 2 unbehandelten Limetten

70 g brauner Zucker

2 Bananen

350 g Sahne

150 ml Vollmilch

1 Ei

3 Eigelbe

1 Für die Garnierung die Limettenschalen in feine, kurze Streifen schneiden und mit 4 Teelöffeln braunem Zucker mischen. Beiseitestellen.

2 Den Backofen auf 90 °C vorheizen.

3 Die Bananen schälen und in Scheiben schneiden.

4 Die Bananenscheiben mit Limettensaft und Sahne glatt pürieren. Die Milch unterrühren.

5 Ei und Eigelbe mit dem restlichen braunen Zucker verquirlen.

6 Die Eiermasse unter Rühren in die Bananenmilch gießen.

7 Die Mischung 5 cm hoch in 4 hohe Förmchen (8 cm Durchmesser) füllen. Die Förmchen auf den Backofenrost setzen und im vorgeheizten Ofen 40 Minuten garen.

8 Die Cremes abkühlen lassen. Dann mindestens 2 Stunden kalt stellen.

9 Vor dem Servieren mit der Zuckermischung bestreuen und kurz mit dem Gasbrenner karamellisieren.

Erdbeer-Crème-Brûlée

Für 4 hohe Förmchen

150 g Schaumzucker-Erdbeeren

350 ml Vollmilch

3 Eier

1 Eigelb

4 EL roter Kristallzucker

Diese Creme ist heiß begehrt bei den Kleinen, aber auch wie eine Reise in die eigene Kindheit …

1 Den Backofen auf 90 °C vorheizen.

2 Für die Garnierung 4 Schaumzucker-Erdbeeren beiseitelegen. Die restlichen mit der Milch in einen Topf geben und bei kleiner Hitze unter ständigem Rühren schmelzen.

3 Eier und Eigelb verquirlen und unter Rühren in die Erdbeermilch gießen.

4 Die Mischung 5 cm hoch in 4 hohe Förmchen (9 cm Durchmesser) füllen. Die Förmchen auf den Backofenrost setzen und im vorgeheizten Ofen 40 Minuten garen.

5 Die Cremes abkühlen lassen. Dann mindestens 2 Stunden kalt stellen.

6 Vor dem Servieren mit dem roten Zucker bestreuen und kurz mit dem Gasbrenner karamellisieren.

7 Die Cremes mit je einer Schaumzucker-Erdbeere garnieren und sofort servieren.

Schoko-Crème-Brûlée mit Erdnüssen

Für 4 hohe Förmchen

40 g ungesalzene Erdnüsse

5 EL Kakaopulver

90 g Zucker

250 g Sahne

150 ml Vollmilch

5 Eigelbe

Ein perfektes Dessert für echte Schleckermäuler! Die Erdnüsse können durch Pekan- oder Haselnüsse ersetzt werden. Die Kakaomenge lässt sich nach Geschmack dosieren.

1 Den Backofen auf 90 °C vorheizen.

2 Für die Garnierung die Erdnüsse grob hacken und mit 1 Esslöffel Kakao und 4 Teelöffeln Zucker mischen.

3 Die Sahne in einen Topf gießen und kurz aufkochen.

4 Den restlichen Kakao in die kalte Milch rühren. Die heiße Sahne zugießen und sorgfältig rühren.

5 Die Eigelbe mit dem restlichen Zucker verquirlen.

6 Die Eiermasse unter Rühren in die Kakaomilch gießen.

7 Die Mischung 4 cm hoch in 4 Förmchen (10 cm Durchmesser) füllen. Die Förmchen auf den Backofenrost setzen und im vorgeheizten Ofen 40 Minuten garen.

7 Die Cremes abkühlen lassen. Dann mindestens 2 Stunden kalt stellen.

8 Vor dem Servieren mit der Erdnuss-Zucker-Mischung bestreuen und kurz mit dem Gasbrenner karamellisieren.

Register